بسم الله الرحمن الرحيم

EN SAMLING AF

RARE HISTORIER

FOR BØRN

Baseret på Islamisk Diskurs

En Samling af Rare Historier for Børn
(Baseret på Islamisk Diskurs)

Forfatter	:	Arif Mahmud Kisana
Oversætter	:	Shaheer Bukhari
Revideret af	:	Syed Aejaz Haider Bukhari
Komponere og dække design	:	Muhammad Shahzad Ansari
Offentliggjort	:	May 2019
Udgivet af	:	Kisana Books Sweden

Trollvägen 20
19163 Sollentuna
Sweden

Email : arifkisana@gmail.com
Website : www.afkaretaza.com
ISBN : **978-91-639-8673-4**

Bogen er tilgængelig på www.amazon.com

DEDIKATION

Til alle børn, der motiverede mig til at skrive denne bog.

INDHOLD

INTRODUKTION

Kære børn, denne bog er som svar til alle jeres spørgsmål vedrørende den praktiske del af Islam. Jeg har prøvet at behandle jeres forespørgsler på en simpel, men samtidig interessant måde, som jer håber vil gøre jer i stand til at ikke bare forstå Islam – men også nyde jeres læsning omkring det.

Det er naturligt for børn at være nysgerrige omkring deres religion og vide hvorfor de skal følge en bestemt tro. Spørgsmålene kan være simple, men somme tider er svarene ikke, hvor det er de voksnes ansvar at tilfredsstille børnenes nysgerrighed, på måder der ikke efterlader tvetydighed i deres sind, vedrørende integriteten i deres tro.

Formålet med at skrive denne bog, er at vejlede unge generelt og muslimske unge specifikt, på en måde hvor de kan blive sandfærdige, patriotiske og respektfulde verdensborgere.

Forhåbentligt bliver denne bog en værdigfuld tilføjelse til litteratur, rettet mod børn og et værk de kan søge vejledning i. En anden hensigt er at denne bog vil sørge for grundlæggende information vedrørende Islam, til børn der måske tvivler og ser deres tro som svag, for at gøre dem i stand til at acceptere Islam med total ærlighed, uden nogen former for pres.

Jeg vil gerne takke hans excellence, Muhammad Tariq Zameer (Pakistans ambassadør i Sverige og Finland), som gav mig uvurderlig rådgivning i udgivelsen af denne bog og alle andre der har hjulpet mig igennem udgivelsen. Jeg vil specielt gerne takke alle børnene der motiverede mig til at skrive denne bog. Specielt tak til fru Muniza Tariq, for oversættelsen af bogen fra Urdu til Engelsk, der åbnede døren op for oversættelser til diverse andres sprog. Bogen har været ekstrem populær hos børn og forældre og er blevet udgivet på mange forskellige sprog, som engelsk, arabisk, fransk, norsk, svensk, urdu, persisk, tysk, japansk, hindi og bengali. I fremtiden, vil den også være tilgængelig på andre sprog. Forfatteren er taknemmelig over for Shaheer Bukhari for oversættelsen til dansk og over for Syed Aejaz Haider Bukhari for revidering af oversættelsen. Må Allah velsigne dem med den bedste belønning for dette store og hårde arbejde.

Kære børn, I bedes at give mig jeres feedback omkring denne bog og hvis der er noget som helst andet i har lyst til at skrive til mig omkring, kan i uden tøven kontakte mig, så jeg har det i mente til min næste publikation. Jeg kan kontaktes via email på arifkisana@gmail.com

Arif Mahmud Kisana
Stockholm, Sweden

FORORD

Islam, har fra sin oprindelse placeret en høj prioritering af uddannelse. Viden ('ilm), som attest fra den første åbenbaring fra Allah til Profet Muhammad (FVMH), optager en betydelig position i Islam.

Uddannelse og opdragelse for børn er en stor udfordring i lande, hvor muslimske børn er blottet for en kultur der er fundamentalt anderledes end islamisk kultur. At møde sådanne forandringer kræver fyldestgørende ansvar og formidling af religiøs uddannelse og opdragelse fra forældrene, i doser der er proportionale til deres børns alder. Islamisk pædagogik (Tarbiyah) viser mennesket vejen/opdrager mennesket og tager hensyn til dets evner og talenter. Af at læse disse engagerende historier, får læseren indblik i vigtigheden af islamisk uddannelse og manerer for børn som følgende:

- Mennesket skal respekteres
- Meningen med livet er at gøre gode gerninger og overvinde sine svagheder.
- Gud har skabt mennesket med den gode side som den stærkeste.
- Familien har det primære ansvar for barnets uddannelse og opdragelse.
- Folk besidder forskellige talenter og evner.

- Mennesket har mange behov: Fysiske, intellektuelle, følelsesmæssige og åndelige.

- Hovedforskellen mellem islamisk pædagogik (tarbiyah) og vestlig pædagogik er, at tarbiyah anerkender de åndelige behov.

Arif Mahmoud Kisana, er en alsidig og fremtrædende forfatter, som ikke bare vil fange børnenes opmærksomhed, men også provokerer deres nysgerrighed. Vi håber, at dagens børn, vil blive morgendagens ledere, udstyret med viden og visdom, der vil genfange den gyldne epoke af Islam – ikke bare for Europa, men for hele verdenen. Det er glædeligt at se hr. Kisana komme frem med en bog, der er designet specifikt til at vejlede vores unge, langs islamiske linjer. Historierne er korte, interessante og forhåbentlig vil de opnå deres formål. Det er mig en enorm fornøjelse at vide at disse historier er blevet oversat til flere sprog. Må Allah den almægtige belønne forfatteren, for dette ydmyge tilsagn. Aameen!

Syed Aejaz Haider Bukhari

Imam ved Pakistansk kultur forening Brøndby, Danmark

Fhv. Formand Minhaj-ul-Quran International Danmark

Formand af Kulturudvalget

Formand Mangfoldighedsrådet

Medlem af Kommunalbestyrelsen

Brøndby Kommune, Danmark

TVIVL ER NATURLIGT

Til min nevø, Mohammad Ashar – og alle andre der i deres opvækst, vil opleve tvivl, på den ene eller anden måde.

I denne bog er der beskrevet en masse historier, hvor en masse spørgsmål bliver stillet og ligeledes besvaret. Desværre er realiteten sådan, at ikke alle har denne luksus, af den ene eller anden grund. Når man vokser op i et land, der ikke beror på de samme værdier som man lærer hjemmefra, kan det være svært at stå fast. Især på de punkter, man ikke selv kender årsagerne til.

Den urokkelighed der bliver beskrevet i koranen, er ikke en selvfølge – for hvordan kan man være urokkelig, uden at forstå meningen bag?

Derfor er det første trin at indsamle viden – at forbedre sin 'Ilm'.

Jeg vil derfor opfordre jer til ikke blot at nøjes med at læse koranen på arabisk, men på et sprog i forstår. Hvis i møder tvivl på jeres vej, hvis der er uenighed om hvad der er korrekt og forkert – om det er med en muslim eller en ikke-muslim, kan i finde jeres svar, i koranen.

"Ægte viden, er at vide hvad man ikke ved." – Confucius

Tvivl skal ikke ses som svaghed i sind, men omvendt som en mulighed, for at tilegne jer ny viden. Viden i efterfølgende kan klæde jer i og beherske.

Shaheer Bukhari

stud. med., Købehavns Universitet.

RELIGIØS TRÆNING OG KOGNITIV UDVIKLING AF BØRN

Vores dilemma, medens vi bor i Europa, er at vores børn bliver frakoblet deres islamiske arv. Hvad de lærer i skoler er ofte i strid med hvad de lærer i hjemmet og som resultat er der forvirring omkring hvad der er rigtigt og hvad der er forkert. De har spørgsmål, som der ikke er tilfredsstillende svar til. I situationer som disse, er selv forældrene ikke i stand til at forklare deres årsager til deres tro.

Ikke bare i Europa, men også for forældre i resten af verdenen, er det grund til bekymring, for hvordan vi opdrager vores børn, til at kunne have en positiv indflydelse på samfundet de bor i.

Vi er heldige at Arif Kisana har været meget forstående for dette behov og har skrevet historier for børn baseret på islamisk diskurs, der vil besvare nogle, hvis ikke alle af de spørgsmål, der dukker op i unge sind.

Det er ikke nemt at skrive etiske historier for børn, men Arif Kisana har formået det. Historierne er blevet skrevet på simple, men interessante måde, der kan få en læsers opmærksomhed og holde dem inddraget.

Jeg håber at børn vil nyde at læse de her historier og hvis de er for unge, at forældrene kan læse dem for dem. Jeg håber også at moralerne i historien vil være vigtige instrumenter i at gøre læserne til bedre muslimer.

Nasar Malik

Tidligere redaktør, Urdu Service,

Danish National broadcasting Corporation,

Danmark

ANDERKENDELSER

Den originale bog var publiceret på Urdu under titlen Sabaq Amoz Kahanian af National Book Foundation Islamabad, Pakistan. Samme bog var publiceret af Amazon under navnet Dilchasp aur Anokhi Kahanian. Efter at have udgivet historierne, var der et brændende ønske om at have titlen udgivet på engelsk og andre sprog, så børn der ikke kan læse Urdu, ville kunne forstå historierne. Bogen har været ekstrem populær hos børn og forældre og er blevet udgivet på mange forskellige sprog, som engelsk, arabisk, fransk, norsk, svensk, urdu, persisk, tysk, japansk, hindi og bengali. I fremtiden, vil den også være tilgængelig på andre sprog. Forfatteren er meget taknemmelig overfor alle oversætterne, der frivilligt greb hånd om dette højtidelige ansvar. Forfatteren kan i sandhed sige, at færdiggørelsen af de diverse oversættelser af den originale Urdu bog, viste sig at være en stor udfordring og var kun mulig, takket være dedikationen og det hårde arbejde fra oversætterne. Jeg håber i sandhed, at børnene vil finde denne bog interessant og hjælpsom i at få svar på deres spørgsmål vedrørende Islam.

HVORFOR ER VI MUSLIMER?

Kære børn, I ved måske at London er hovedstaden i England og Europas største by. Der er en masse interessante og skønne steder at besøge i London. I hjertet, af denne fascinerende by, bor en søed lille pige, som hedder Alisha. Alisha bor med sin mor, far og to søstre. De bor alle sammen lykkeligt med hinanden. Alisha er den ældste og går i skole, mens hendes yngre søstre, Areeba og Inaya er for små til at gå i skole – derfor bruger de deres dage, på at lege derhjemme.

De bor I et smukt hjem, ikke langt fra Alishas skole. Tæt på deres hus er der en park, hvor børnene ofte tager hen med deres forældre og har det sjovt på gynger og rutsjebaner.

Det var en smuk dag i parken, da Alisha vendte sig mod sin mor og spurgte: "Mor, hvorfor er vi muslimer?" Moren pausede kortvarigt og sagde derefter: "Vi er født i en muslimsk familie, derfor er vi muslimer."

Alisha tænkte over det i et stykke tid og spurgte så: "Så hvem er muslim og hvordan er muslimer anderledes for ikke-muslimer?"

Alishas mor smilede og forklarede: "Hele universet er skabt af Allah, denne smukke jord, de smukke himmel, de grønne bakker, høje bjerge, dybe have, solen, månen og stjernerne – alting. Allah har også skabt mennesket og har givet dem retningslinjer, som vi er forventet at følge. Disse regelsæt eller retningslinjer er kendt i Islam. Dem der følger disse regler, er muslimer – og dem der ikke gør, er ikke muslimer."

Alisha spurgte derefter: "Hvordan kender vi de her regler?"

"Alle disse regler eller love er forklaret til os i den hellige Koran." sagde Alishas mor.

Areeba, der indtil nu lyttede stille til hendes mor og søster, blev interesseret i samtalen og opfordrede hendes mor til at fortælle mere om de her regler. Deres mor forklarede at disse regler var lavet for at beskytte folk og at folk var påkrævet at følge reglerne.

"Kan du huske et par dage tilbage, hvor vi så et uheld, hvor to biler styrtede ind i hinanden?" spurgte moren.

"Selvfølgelig kan jeg det. En var rød og den anden var blå." Tilføjede Alisha. Hun huskede uheldet så tydligt, fordi det var det første sammenstyrt hun havde set mellem to biler.

"Netop. Tak gud for at ingen kom seriøst til skade. Kan du også huske at kort tid efter kom politiet og gav en bøde til manden der kørte den røde bil? Han havde brudt trafik reglerne og kørte på den forkerte side af vejen." spurgte moren.

"Ja, det kan jeg godt huske. Chaufføren i den blå bil fik ikke nogen bøde, fordi han fulgte trafik reglerne og kørte på den rigtige side af vejen." svarede Alisha.

"Korrekt. Så kan du se at ligesom folk har regler for hvordan man kører sikkert og der ikke kommer uheld, har Allah også lavet visse regler, så ingen mennesker kommer til skade. Hvis alle folk fulgte de love, ville der ikke være uheld og ingen ville komme til skade."

"Kan du give mig et eksempel på en af Allahs love?" spurgte Alisha.

"Selvfølgelig. Kan du huske et par dage tilbage, da din fætter Nasir brændte sin hånd, fordi han legede med stearinlyset. Det er en regel Allah har lavet, at ild vil brænde, så hvis man putter sin hånd i ilden, kommer man til at brænde sig."

"Så Nasir blev straffet for at bryde en af Allahs regler og puttede sin hånd på stearinlyset?"

"Ja, til trods for hans fars advarsler om ikke at gøre det." Forklarede Alishas mor.

"Ligesom det, er der andre love skabt af Allah og hvem enden der følger dem vil være i sikkerhed. Dem der ikke gør, vil enten komme til skade eller skade andre. At følge disse regler er Islam. Islam betyder adlydenhed. Adlydenhed, af Allahs love."

"Er alle reglerne skrevet i den hellige Koran?" Spurgte Alisha.

"Ja, de er alle sammen forklaret i den hellige koran og der er derfor vi bør læse koranen og lære dens regler og følge dem, så vi ikke længere kommer til skade eller skader andre." Svarede Alishas mor.

Det begyndte at blive mørkt nu og Inaya var træt og begyndte at blive rastløs. Derfor besluttede de alle at tage hjem.

Alisha gav sin mor et stort kram og sagde: "Tak mor, for at forklare mig hvad en muslim er og jeg lover at jeg vil læse den hellige koran, for at lære alt om reglerne og forsøge at være en god muslim. Så jeg hverken skader mig selv eller andre."

HVAD ER TRO?

En dag sad Alishas far derhjemme og drak te, mens Alishas mor skyndte sig ind i en fart og sagde: "Er du sød at hente Alisha fra skole? Jeg har lige fået et opkald fra skolen, om at hun har meget ondt i maven."

Alishas far rejste sig op med det samme, glemte sin te og samlede hans bilnøgler op.

"På vejen tilbage, kan du så også tage hende hen til lægen?" spurgte Alishas mor.

"Selvfølgelig. Bare rolig." forsikrede Alishas far.

På skolen fandt Alishas far Alisha bukket over i smerte i gang med at græde. Skole-sygeplejersken prøvede at berolige hende. Han samlede hende op med det samme og bragte hende til lægen.

Lægen undersøgte Alisha og spurgte om hende de sædvanlige spørgsmål om hvad hun havde spist og lignende. Derefter gav han en recept til medicin.

Alisha spurgte lægen om hun ville have det bedre til aften, hvis hun tog medicinen.

"Selvfølgelig, du kommer til at have det fint, hvis du tager medicinen i følge mine anvisninger – én nu og den anden om 4 timer." forsikrede lægen.

Om aftenen havde Alisha det meget bedre, efter bare to doser af medicinen, per lægens anvisninger.

"Far, lægen er meget god. Jeg har det meget bedre nu – medicinen han gav har gjort dens værk. Er det ikke skønt at vi har læger og at der er medicin der kan få smerten til at forsvinde? Kan jeg godt gå i skole imorgen?"

Alishas far sagde at hun kunne, hvis smerten ikke vendte tilbage.

"Far, hvis ikke jeg havde taget medicinen i følge lægens anvisninger, ville jeg så stadig have smerter?"

"Ja, hver gang der er nogen der har smerter eller har en sygdom, skal de til lægen og følge lægens anvisninger. Vi tror på at gøre ting på en bestemt måde, vil sætte en stopper for sygdomme. Folk har opdaget de her ting, med indsigten Allah har givet dem og troen på denne indsigt." Forklarede Alishas far.

"Tro? Hvad er det?" spurgte Alisha.

"Så! Du stiller for mange spørgsmål" sagde Alishas far drillende. "Men jeg sætter pris på at du stiller spørgsmål – det er et tegn på intelligens og at en kan lære en masse ved at være nysgerrig."

"Lad mig illustrere hvad tro er, ved at give dig et eksempel. Forestil dig en person, som ikke har spist noget i flere dage – han er ekstremt sulten og svag og pludselig tilbyder nogen ham hans livret. Hvad vil han gøre?"

"Han vil fortære det!" sagde Alisha.

"Men før han overhovedet tager en bid af det, kommer kokken i en fart og fortæller ham at han kom til at putte gift i retten, i stedet for salt. Ville han stadig spise det?" spurgte Alishas far.

"Nej, fordi hvis han gør, så dør han." sagde Alisha.

"Præcis! Ingen person, lige meget hvor sulten han er, vil ikke spise mad der er forgiftet, fordi han tror på at han vil dø, hvis han gør. Ligesom det, er det vores tro, at vi taber, hvis vi bryder naturens love eller Allahs regler. Denne her tillid til Allahs love, er kaldet tro og hvem enden der tror på dem og opfører sig i forhold til dem, kaldes Momin. En Momin skader aldrig sig selv eller andre, fordi han følger reglerne skabt af Allah."

"Så det er vigtigt at være troende?" spurgte Alisha.

"I den grad. At tro på Allahs love og følge dem, betyder ikke at skade os selv eller andre. Folk, om de er muslimer eller ej, burde føle sig sikke i selskabet af en Momin. En Momin eller en følger af Allahs love er en kilde af glæde og velsignelse for andre. At tro på Allahs love er fundamentet for vores tro. Ligesom at vi har vores tro på at medicin vil lindre vores smerter, bør vi have tillid til at Allahs love vil bringe os sikkerhed og glæde. Det er så vigtigt, at Allah kalder sig selv Al Momin – bringeren af sikkerhed."

"Det betyder at vi skal tro på Allahs love og følge dem, så vi ikke skader os selv eller andre?" spurgte Alisha.

"Præcis! Det betyder at du har forstået hvad tro er. Jeg ved du er en intelligent pige. Nu kan jeg se at du føler dig søvnig – det må være på grund af medicinen. Jeg kan fortælle dig mere om tro en anden dag, men lige nu skal du i seng. Ellers går du glip af skole imorgen."

"Tak for at hente mig fra skolen i dag, far – og for at tage mig hen til lægen." sagde Alisha søvnigt.

Alishas far gav hende et kys og puttede hende. Alisha faldt langsomt i en fredfyldt og dyb søvn.

FORSKELLEN PÅ MENNESKELOVE OG NATURLOVE

"Mor, jeg er meget sulten – vil du ikke give mig noget at spise!" råbte Alisha, da hun kom hjem fra skole.

"Det er meningen at du skal sige 'Assalamu Alaikum' når du går ind i huset, derefter skal du vaske hænder og høfligt bede om noget at spise." sagde hendes mor.

"Undskyld mor, jeg er så sulten i dag at jeg glemte at hilse på dig. Vil du ikke nok lave mig en sandwich mens jeg vasker mine hænder og ansigt?" foreslog Alisha.

"Jeg har lavet noget grøntsagsris til dig, du kan få det hvis du er sulten, fordi at lave en sandwich kommer til at tage noget tid."

Alisha var så sulten at hun ikke protesterede, faktisk nødt hun risen nok til at takke sin mor for at lave dem og takkede også Allah for at give dem lækkert mad at spise.

Alisha følte sig tilfreds og sagde "Mor, jeg fortalte mine venner hvad du fortalte mig den anden dag i parken og min ven Laiba vil gerne vide om det kun er dem der er født i en muslimsk familie, der kan være muslimer?"

"Laiba stillede et meget logisk spørgsmål. Det er ikke et krav, at være født ind i en muslimsk familie, for at være muslim – men enhver der læser koranen og accepterer dens budskab og er villig til at følge det, kan være muslim." forklarede Alishas mor.

"Den anden dag snakkede du også om nogle love, som mennesker lavede og love Allah har lavet. Hvis de alle er love, hvad er forskellen så imellem dem – jeg mener hvordan er menneskelove anderledes fra naturlove?" spurgte Alisha.

"Kan du huske at jeg gav to eksempler til at forklare det – én var uheldet mellem de to biler og det andet var Nasir som brændte sin hånd. I det første eksempel, kunne chaufføren af den røde bil, bare være stukket af, hvis politibetjenten ikke havde været der og derfor undgå bøden. Nasir ville have brændt sin hånd, uanset om nogen så det eller ej. Så når du bryder menneskelove, er der en chance for at du kan slippe for straffen, men det er ikke muligt med Allahs love. Hvis du bryder Allahs love, vil du blive straffet for det. Det er forskellen mellem Allahs love og menneskelove.” Forklarede Alishas mor.

“Der er to andre forskelle mellem.” fortsatte Alishas mor. ”Man kan ændre i menneskelove, men Allahs love kan aldrig ændres.”

“Virkelig? Hvordan kan det være?”

“Folk kan ændre love, alt efter behov og tid. Som eksempel plejede man at køre bil i venstre side af vejen, i Sverige, men reglen blev ændret og nu kører man på højre side af vejen. Regeringen kan ofte lave nye regler og ændre gamle, for at følge de skiftende behov af mennesker, gennem tiden. Men naturens love kan aldrig ændre sig – de forbliver de samme og er uskiftelige. Ild vil brænde alt der bliver sat ind i det, fordi Allah givet ild denne egenskab. Ild brændte ting for 1000 år siden og vil stadig brænde ting om 100 år. Det er ildens natur og det kan ikke ændres.”

“Okay – hvad med den anden forskel?” spurgte Alisha.

“Den anden forskel er at menneskelove kan være anderledes, fra sted til sted. Som eksempel kører man i højre side af vejen, i Sverige, Tyskland, Italien og Kina, mens man i England, Japan, Pakistan og Australien kører i venstre side af vejen. Der er andre love, der ikke er ens overalt.”

“Det er interessant – men hvorfor er Allahs love ens for alle?”

“Ild vil brænde enhver der rør det, lige meget hvor eller hvornår. Hvis en Pakistaner der bor i Sverige putter sin hånd i ild, vil det brænde ham. Ligeledes, hvis en Italiener rør ild i England, vil hans hånd også brænde – om han er muslim, ikke muslim, ung eller gammel, mand eller kvinde – naturlove gælder for alle, altid ligeligt. Der er derfor vi tror på Allahs love og følger dem. Det er faktum i Islam.”

"Det er meget fascinerende. Tak for at fortælle mig det. Nu vil jeg fortælle Laiba og mine andre venner omkring det – Jeg er sikker på at de også vil synes det er informativt." sagde Alisha.

"Det håber jeg. Gå op på dit værelse nu og lav dine lektier. Efter det, giver jeg dig din yndlings is for at lytte så tålmodigt." smilede Alishas mor.

HVAD ER DE TING VI SKAL TRO PÅ?

Tahreem, Shaheer og Maheen var meget begejstrede, fordi deres fætter Haris og kusine Rukhsar fra Pakistan, tilbragte deres sommerferie med dem. Hver dag, gik de ud og opdagede nye ting. De havde allerede besøgt Madame Tussauds voksmuseeum, Buckingham Palace, Natural History museum, The Big Ben og The Tower of London. I dag skulle børnenes far tage dem med hen til London Eye, som er et kæmpe pariserhjul, syd fra Thames floden i London.

Haris havde aldrig været på et pariserhjul før, så han spurgte sin onkel "Hvorfor hedder hjulet London Eye?"

"Det hedder London Eye, fordi når hjulet går op, kan man se hele London. Ligesom man kan se med sine egne øjne, kan man se London gennem det her 'øje'."

"Er det ikke skræmmende? Hvad hvis man falder ned fra hjulet?" Haris lød en smule bange.

Hans onkel grinte og forsikrede ham om at kapslen man sidder i, er meget sikker og lukket fra alle sider. Det bevæger sig meget langsomt, så man kan have en god udsigt, mens man kører op."

Haris blev ellevild om London Eye forlystelsen.

De tog alle sammen Londons underjordiske tog til London Eye. Haris og Rukhsar var forbløffet over at se så stort et pariserhjul og en smule bange for at stige på, men da de var ombord, følte de sig sikre.

Udsigten over London fra London Eye var utrolig!

Efter at have brugt dagen langs Thames floden, var børnene meget trætte og ville bare gerne hjem og tale med hinanden. Da de var hjemme, sad Tahreems far også med børnene. Tahreem fortalte sine familiemedlemmer at deres far havde sagt nogle interessante ting om Islam, så både Haris og Rukshar spurgte ind til det.

"Jeg lovede Tahreem, Shaheer og Maheen, at jeg ville fortælle dem de ting en muslim skal tro på, så hvis i er interesseret og ikke alt for trætte, kan jeg fortælle om dem nu."

"Ja tak." svarede Haris.

"Som I allerede ved, er tro noget man har tillid til med hele hjertet – der er ingen tvivl i ens sind om sandheden. I Islam er der fem ting, som man skal tro på, for at være muslim."

"Hvad er de fem ting, onkel?" spurgte Rukhsar.

"Først og fremmest er der Tawheed – at tro på at der er én gud; Allah. Nummer to er at tro på Allahs budbringere. Nummer 3 er at tro på de hellige skrifter. Nummer fire er at tro på engler. Nummer 5 er at tro på efterlivet. De her fem ting, bliver kaldt Trosartikler."

"Skal man tro på alle fem af dem, for at være muslim eller kan man stadig være muslim, hvis man ikke tror på én eller to af dem?" spurgte Rukhsar.

"Ligesom man har brug for en kode til at benytte sig af sin email eller Facebook konto, kan man ikke logge ind, hvis bare et bogstav eller tal er forkert. Derfor skal man tro på alle fem, for at være muslim. Hvis ikke du tror på nogen af dem, er du ikke muslim" Forklarede Rukhsars onkel.

"Så, på en måde er at tro på alle fem, ligesom en kode til at benytte Islam?" spurgte Haris.

"Det er korrekt – du er en meget klog dreng, Haris."

"Far, du sagde at tro på én gud hedder Tawheed – hvad betyder det?" spurgte Shaheer, som indtil nu havde siddet stille.

"At tro på én gud, betyder at man kun beder til ham og ingen andre. Vi gør kun ting der vil tilfredsstille ham. At have en stærk tro på at det kun er Allah, som styrer alting, er hvad Tawheed er."

"Og hvad menes der med at man skal tro på Allahs budbringere?" spurgte Maheen, som ikke ville blive ladt uden for diskussionen.

"Fordi Allah ikke kommunikerer direkte med folk, udpeger han visse folk, der kan viderebringe hans beskeder, som bliver kaldt enten Rasool eller budbringere, som vores profet Muhammad, Ibrahim, Jesus og Moses. En muslim skal tro på at hvad enden disse budbringere fortæller os, er på vegne af Allah og at vi skal følge dem."

Shaheer, spidsede ører og sagde: "Så, der er fire budbringere? Muhammad, Ibrahim, Jesus og Moses? (fred være med dem)"

"Tak for at stille sådan et interessant spørgsmål. Faktisk, som vores elskede profet Muhammad (fred være med ham) fortalte os, havde Allah sendt omkring 124.000 profeter for at vejlede menneskeheden. De var alle muslimer og belærte Islam. Navnene på de 25 mest fremtrædende profeter er nævnt i koranen – profeter der havde modtaget åbenbaringer.

"Og hvad er hellige skrifter?" spurgte Tahreem.

"Det er de hellige bøger som Allah åbenbarede for nogle af hans profeter, ligesom Koranen, der var åbenbaret til profeten Muhammad (fred være med ham), Toraen til Moses, evangeliet til Jesus og salmerne til David. Idéen med disse skripturer, er at holde religionen sikker fra korruption og forvrængelse, så folk kan læse dem, selv efter profeternes død. Alt der er skrevet i dem, er rent faktisk Allahs ord, som vi på tro på."

"Som tiden passerede, ændrede folk i skrifterne og de originale beskeder fra Allah var tabt. Det er kun koranen, som er sikker og Allah siger i koranen, at 'Han har åbenbaret den og vil beskytte den for ændringer." Alle kopier af koranen, skrevet og udgivet efter den blev åbenbaret til profeten Muhammad (fred være med ham), århundrede siden, vil blive udgivet i alt evighed og være identiske."

"Hvorfor skal vi tro på engle når vi ikke kan se dem?" ville Haris vide.

"Det er vigtigt at tro på engle, fordi de adlyder Allahs kommandoer. Vi kan ikke se dem, men de kan se os."

"Og hvad er efterlivet?" spurgte Rukhsar.

"Akhirat eller efterlivet er er evigt liv, vi begynder efter vores midlertidige besøg på jorden, før vi dør. I efterlivet, bliver der på baggrund af ens handlinger på jorden, besluttet om man skal i himlen eller helvede. Med andre ord, vil Allah belønne dem som har gjort gode gerninger og straffe dem der ikke har, ved at sende dem i helvede."

"Jeg vil ikke I helvede" sagde Haris.

"Så skal du være en god dreng og lade vær med at irritere mig." sagde hans søster.

Alle sammen nødt kommentaren og grinte.

Haris spurgte så "Onkel, du har forklaret det meget godt. Hvordan kan vi forklare islam simpelt?" Haris' onkel svarede "Islam er et arabisk ord, der stammer fra ordet 'salaam'. Ordet har en masse betydninger, som accept, adlydenhed, fred, underkastelse og overgivelse." han fortsatte "Islam er en måde for de oprigtige at lede deres liv, som Allah befaler, som der står i koranen eller hans profeter viser. Med andre ord er Islam 'Deen', en levemåde, hvor man skal have fuld tillid i Allahs Tawheed og acceptere hans befalinger. At tro på at Muhammad (fred være med ham), er den sidste budbringer fra Allah og leve sit liv, som beskrevet i koranen."

"Lad mig fortælle dig en interessant ting, Haris." tilføjede hans onkel. "Alle religioner i verdenen er blevet opkaldt efter grundlæggere eller hjemstavn. Som eksempel kommer kristendom fra Jesus kristus, buddhisme fra Gautama Buddha, Zoroastrianisme fra Zoroaster, Jødedom fra Judea. Men Islam nyder en unik forskel, der ikke tyder på et bestemt forhold til en person eller nation. Det er ikke et

menneske produkt eller begrænset til nogle specifikke personer. Det er en universel religion og målet er at skabe en levemåde."

"Fantastisk" udbrød Haris. Han takkede sin onkel for alle de gode og brugbare informationer, han havde modtaget og lovede at altid huske dem og følge dem.

HVEM ER ALLAHS BUDBRINGERE ELLER PROFETER

"Ali, jeg går hen og køber ind, vil du gerne med?" spurgte Alis mor.

"Nej, mor – jeg har et historieprojekt der skal afleveres imorgen, så jeg tror det er bedre hvis jeg bliver hjemme og arbejder på det. Kan du hente en pose chips til mig?" spurgte Ali.

"Altid junk food!" udbrød Alis mor.

"Hvad er det for et historieprojekt du arbejder på, Ali? Kan jeg hjælpe dig med det?" indskød Alis far.

"Vi lærer om menneskets forhistorie – hvordan folk i gamle dage levede og så videre og jeg finder det meget interessant." sagde Ali.

"Så, hvad har du lært omkring det?" spurgte Alis far.

"Indtil videre har vi lært at menneske historie kan blive delt ind i fire perioder: stenalderen, kobberalderen, bronzealderen og jernalderen – tidsperioden vi befinder os i nu. Vi har også lært at man kan dele menneske historien ind i tre perioder siden det første menneske: Den første periode starter med Adam og slutter med Jesus' fødsel. Den anden periode begynder derfra og varer tusind år. Den tredje periode begynder fra tusind år siden til i dag."

"Fantastisk – du ved allerede så meget." Alis far lød imponeret.

"Det kan godt være, men jeg vil gerne vide om Allah blev ved med at sende budbringere på samme måde, siden folk levede anderledes i forskellige tidsaldre. Desuden vil jeg også gerne vide hvad behovet for budbringere var – kunne folk ikke have levet uden?" spurgte Ali.

"Da Allah skabte mennesket, havde han også brug for sine budbringere fra tid til anden, så folk kunne blive vejledt til sandheden og deraf leve et rent liv. Den anden grund for at sende budbringere, var at give folk Allahs viden og hans befalinger og hvordan de skulle håndteres. Alle Allahs profeter formidlede Allahs beskeder, ikke bare mundtligt, men også ved at vise dem. Vi er ikke blevet skabt for at

spise, drikke og reproducere – selv dyr gør det – vores hovedformål er at genkende Allah og tjene ham. Så profeternes hovedformål var at fortælle folk, at de skulle tilbede én gud og leve deres liv i forhold til hans befalinger."

"Så profeter og budbringere fra Allah er det samme?" spurgte Ali.

"Ja, de er begge to det samme og det er vigtigt at vide, at hvad enden profeter fortalte folk, at det var fra Allah. Profeterne fortalte aldrig noget, der ikke var fra Allah. Derfor er det vigtigt for folk, at gøre som profeterne gjorde."

"Sendte Allah hans profeter til folk overalt?" spurgte Ali.

"Ja, hver profet var sendt til hans specifikke folk, for at minde dem om at tilbede én gud."

"Hvor mange profeter sendte Allah til jorden?" spurgte Ali.

"Vi tror på at Allah sendte omkring 124.000 profeter til menneskeheden, siden det første menneske, men koranen nævner kun få af dem, ved navn. Som Hazrat Adam, der var den første mand, Hazrat Nuh, som i Noahs ark, Hazrat Ibrahim, Hazrat Musa (Moses), Hazrat Daud (David), Hazrat Issa (Jesus) og Hazrat Muhammad."

"124.000 profeter! Wow – det er mange profeter. Hvorfor sendte Allah så mange profeter?" spurgte Ali.

"Allah sendte en profet til en hver gruppe/stamme af folk, da budskabet kunne ændres efter profeternes død – mange unødvendige ting kunne tilføjes og nødvendige ting kunne fjernes – I begyndelsen, var der ikke nogen pålidelig måde at optage Allahs beskeder, udover gennem folks minder. Derfor var der et behov, om at blive ved med at sende profeter. Derudover, var der ingen kommunikation mellem stammer i gamle dage, som der er nu. Så hver stamme fik tilsendt en profet, så de kunne forstå formålet med deres eksistens."

"Har der været mere end én profet ad gangen?" spurgte Ali.

"Ja, der har været mere end én ad gangen, som eksempel var Hazrat Shoaib, Hazrat Musa og Hazrat Haroon profeter i samme periode. Hazrat Haroon og Hazrat Musa var brødre."

"Meget interessant – og de prædikede alle sammen det samme? Jeg mener, var de alle muslimer?" spurgte Ali.

"Ja, de var alle muslimer og de prædikede det samme – at følge Allahs befalinger og kun at tilbede ham."

"Sender Allah stadig profeter?" spurgte Ali.

"Nej, Hazrat Muhammad (fred være med ham), var Allahs sidste budbringer, fordi han kom i en tid, hvor folk pålideligt kunne nedskrive Allahs beskeder og kommunikere dem med hinanden. Alle beskeder fra Allah, som Hazrat Muhammad modtog gennem englen Gabriel, er nedskrevet i koranen. Der er blevet lavet mange kopier af den originale koran og er blevet spredt overalt. Koranen er blevet oversat til mange sprog, så alle kan forstå beskeden. Derudover, er alt Allah vil have folk til at gøre, i koranen, så der er ikke brug for flere beskeder fra Allah."

"Hvis Hazrat Muhammad er Allahs sidste budbringer, burde jeg vide mere om ham og hans budskaber, men lige nu må burde jeg at færdiggøre mit historie projekt. Hvis mine lektier ikke er færdige inden mor kommer hjem, vil hun ikke give mig min pose chips." smilede Ali drilagtigt.

"Næste uge, hvor vi har mere tid, fortæller jeg dig om vores kære profet Muhammad (fred være med ham)." Lovede Alis far.

VORES ELSKEDE PROFET MUHAMMAD (Fred være med ham.)

Det var weekend og som Alis far havde lovede ham, fortalte han Ali om vores elskede profet Muhammed (FVMH), så han spurgte Ali om han havde lavede sine lektier og havde tid.

"Jeg skal til fodbold med mine venner, men jeg en smule tid før jeg skal ud, så jeg synes det er en god ide, hvis du fortæller mig om vores profet Muhammad (FVMH), før mine venner henter mig." sagde Ali.

"Ja, hvorfor ikke. Som du allerede ved, var profeten Muhammad (FVMH) Allahs sidste budbringer og er derfor også kendt som 'Profeternes Segl'. Han var navngivet Ahmed ved fødsel, men hans bedstefar Hazrat Abdul Mutalib, kaldte ham Muhammad. Faktisk har både Ahmed og Muhammad den samme betydning og kommer fra det arabiske ord 'Hamd', der betyder ros. Men vi kalder ham aldrig bare Ahmed eller Muhammad, fordi alle muslimer tror på at han er den dybeste respekt værd og derfor siger vi enten Hazrat Muhammad, profeten Muhammad, Rasool Pak, Rasool Allah eller bare Huzoor. Vi sender også altid fred til ham og andre profeter, når vi nævner deres navne, fordi alle Allahs profeter fortjener ærbødighed."

"Hvornår og hvor blev Huzoor født?"

"Han var født 570 e.v.t i Mekka, Saudi Arabien. Hans præcise fødselsdag kendes ikke, men muslimer mener at han var født på en mandag, d. 12. dag i den 3. islamiske måned, Rabi ul Awal."

"Hvem var hans forældre?" spurgte Ali.

"Hans fars navn var Abdullah og han døde ca. 2 måneder efter hans søns fødsel. Hans mors navn var Aminah og hun døde da Huzoor kun var 6 år gammel."

"Åh, det er trist... hvem opdragede ham så efter hans mors død?"

"Hans bedstefar, Abdul Muttalib – men da Huzoor var 8 år gammel, gik han også borte. Derefter tog hans onkel sig af ham."

"Så hvordan var hans barndom? Var han uartig ligesom de andre børn?"

"Nej, han var ikke uartig. Han drillede aldrig nogen og kom aldrig op og skændes med nogen – han sagde heller aldrig noget grimt."

"Gik han I skole?

"Nej, han gik ikke i skole"

"Hvad lavede han så hele dagen?"

"Tja, han plejede at hyrde får – det var normalt for unge drenge i Arabien, på daværende tidspunkt. Senere, da han var en smule ældre, begyndte han at være forhandler. Han var meget kendt for sin ærlighed som forhandler og folk respekterede ham for det. Han snød aldrig nogen og holdt altid sit ord – derfor blev han kendt som Sadiq (sandfærdige) og Ameen (troværdig)."

"Kunne Huzoor lide børn?" spurgte Ali.

"Åh han elskede dem! Børnene elskede også ham og de var altid blide ved ham."

"Så hvordan fandt han ud af at han var en af Allahs profeter?"

"Godt spørgsmål. Han vidste ikke at han var det, indtil han var 40 år gammel. Siden han var en ung mand, havde Huzoor taget hen for at meditere i en lille hule, kaldt Hira, i et bjerg i nærheden af Mekka. En aften hvor han var i gang med at meditere, kom englen Gabriel ned og fortalte ham det. Englen Gabriel fortalte ham også at han skulle fortælle alle at han var Allahs profet. Huzoor var bedt om at huske hvad enden englen fortalte ham og derefter skulle han spørge nogen om at skrive det ned, da Huzoor selv ikke kunne læse eller skrive. Det var begyndelsen af koranens åbenbaringer."

"Var Huzoor ikke skræmt af at se englen? Og hvad gjorde han efter det?"

"Ja, han var meget bange, så da han kom hjem og fortalte sin kone, Hazrat Khadija (FVMH), om episoden."

"Troede hun på ham?"

"Selvfølgelig! Hun havde ingen tvivl om at hendes mand var en af Allahs profeter og at han havde modtaget sin første åbenbaring."

"Hvem fortalte han det ellers?" spurgte Ali.

"Han fortalte sine venner og slægtninge. Hans ven, Hazrat Abu Baker Siddiq og en ung man, Hazrat Ali – og de blev begge muslimer med det samme."

"Er han den samme Ali jeg er opkaldt efter?"

"Ja, han er den du er opkaldt efter."

"Nu er jeg meget glad for at i navngav mig Muhammad Ali. De var begge store mænd."

Alis far smilede og fortsatte: "Ikke alle troede på ham dog, faktisk var der en masse folk der ikke gjorde, fordi det udfordrede den dårlige, men populære praksis af Mekka dengang – og derfor kunne de ikke lide det. Især de rige folk i Mekka, fordi Huzoor prædikede lighed og retfærdighed. Folk i Mekka behandlede ikke kvinder godt dengang – heller ikke slaver og fattige folk – de havde ingen rettigheder og var i deres rige herskeres nåde. Huzoor bad om deres rettigheder – Folk i mekka følte sig truet og som resultat planlagde de at dræbe Huzoor."

"Åh min gud, hvad gjorde Huzoor så?"

"Tja, han modtog et tegn fra Allah, der sagde at han skulle forlade Mekka og migrere til Madina, som er ca. 400 km væk fra Mekka. Så det gjorde han. Den her migration er kendt som 'Hijrat', der fandt sted i år 622, som er det første år i den islamiske kalender."

"Jeg håber at folk i Madina behandlede ham godt?"

"Det gjorde de i sandhed. De var hospitable og en masse af dem konverterede til Islam hurtigt. Huzoor blev også begravet i Madina. Han elskede byen."

Dørklokken ringede og Alis mor fortalte at Alis venner var kommet for at hente ham.

"Det kunne ikke havde været bedre timing – Tak far, for at fortælle mig om Huzoor – han var en stor mand!" udbrød Ali og skyndte sig ud for at sige hej til sine venner."

HVORFOR ER ISLAM DEN ENESTE SANDE RELIGION?

Maryam og Alia er meget gode venner og de brugte ofte tid sammen i weekender og ferier. De gik også til Qur'an undervisning sammen og deler holdninger og syn, om religionen. En dag kom Maryam med hjem hos Alia, efter deres Qur'an undervisning. Hendes far sagde at han ville hente hende, siden han også skulle hente Maryams' yngre bror fra fodboldtræning. Alias' far hjalp Alias' mor i køkkenet og da pigerne kom ind, bad Alias' mor, hendes far om at holde pigerne med selskab.

Både Maryam og Alia, diskuterede deres Qur'an lektier og Alias' far deltog i diskussionen.

"Far, hvordan ved vi at Islam er den eneste sande religion, siden at alle religioner prædiker gode ting og deres følgere tror alle på at deres religion er den rigtige?"

"Du har ret – alle religioner lærer gode ting, som ærlighed, medlidenhed, oprigtighed, integritet o.l., men hvad vi bør spørge os selv om, er hvorfor har vi brug for religion? En person kan ikke forstå alt omkring livet, ved kun at gøre brug af han/hendes intellekt. Folk har brug for vejledning i livet og den vejledning kommer fra Allah, gennem hans budbringere, i form af Wahi (åbenbaring). Ligesom et øje har brug for lys til at se, har vores intellekt brug for vejledning, i at leve et rent liv. Uden denne vejledning, ville folk kun kunne lære af deres erfaringer, men hvis noget kommer direkte fra Allah, ved man at det er det rette – Ikke bare om hvordan man beder, men også hvordan man skal opføre sig i forskellige sociale situationer. Altså tilbyder Islam et komplet kodeks om livet – en manual, til hvordan man lever et moralsk liv. Det er der ingen andre religioner, der tilbyder."

"Så Islam er mere end en religion?" spurgte Maryam.

"I den grad, da det ikke bare handler om ritualer – for det gør alle religioner, men Islam går udover ritualer. Det er en 'Deen', det betyder at det giver os den komplette vejledning til alle aspekter af

livet, fra hvordan man spiser, sover, går, taler, klæder sig o.l., Ingen af de andre religioner tilbyder den slags dybdegående vejledning, grundet at alle religioner gennem årene, er blevet forvrænget og deres originale budskaber er blevet blandet sammen med menneskelig påvirkning – Islam er den eneste religion, der findes ren, fordi Allah har lovet at tage sig af Qur'an selv, derfor er hvad enden der står i Qur'an i sandhed Allahs ord."

"Nu forstår jeg forskellen mellem Islam og andre religioner – det plejede jeg at undre mig over." sagde Alia.

"Så hvordan skal vi behandle folk med andre religioner?" spurgte Maryam.

"Islam lærer os at behandle folk med andre religioner med respekt. Allah forbyder muslimer, at skændes med folk som ikke tror på Islam. Hvis de siger der er dårligt om Islam, så skal man bare rejse sig og gå og når personen stopper med at tale dårligt om Islam, skal man vende tilbage. Du har måske opdaget fra FN sessioner, at når en ambassadør fra et land ikke kan lide hvad der bliver sagt om han/hendes land, går personen bare, for at vise sin utilfredshed. På samme måde, bør vi bare at gå, hvis ikke vi kan lide hvad der bliver sagt om Islam."

"Det er en meget fornuftig ting at gøre." sagde Alia.

"Ja, Islam er en meget fornuftig religion. Alt giver mening i Islam." sagde Alias' far.

Og da, kom Alias' mor ind med juice og sandwiches til alle og de takkede hende, for de var blevet ret sultne.

HVORFOR BLIVER VORES BØNNER NOGEN GANGE IKKE HØRT?

Familien Malik sad alle sammen foran Tv'et og så en cricketkamp mellem Pakistan og Australien. Atmosfæren var høj, siden at Pakistan kun havde brug for et par point til og det var den sidste runde. Omar bad højlydt til at Pakistan skulle vinde, mens Saleh, Hussain og Laiba bad i deres sind. Dog, vandt Pakistan ikke kampen. Familien Malik var meget skuffede.

"Jeg bad så meget til at Pakistan skulle vinde kampen, hvorfor blev mine bønner ikke hørt?" klagede Omar.

"Jeg bad også." sagde Saleh.

"Også mig." sagde Laiba

"Tja, ikke alle vores bønner bliver hørt." svarede Omars far, hr. Malik.

"Hvorfor ikke? Hvordan kan det være at nogle af vores bønner bliver hørt, mens andre ikke gør?" spurgte Saleh.

"Lad mig forklare dig hvorfor vores bønner nogle gange ikke bliver besvarede. Faktisk, er det korrekte ord i denne her sammenhæng ikke 'bønner', men 'Du'a' – Når vi beder en Du'a, beder vi Allah om noget kun han kan give, men der er visse betingelser der skal opfyldes, før du'a'en bliver hørt. Den første vigtige betingelse, er at man skal have prøvet alt hvad man kunne i at fuldføre opgaven. Et eksempel kunne være, at hvis du har en eksamen du ikke har læst til og du beder til Allah om at få et 12-tal, kommer det ikke til at ske – siden at den første betingelse ville have været at arbejde hårdt. Dette gælder for alle, om de tror på Allah eller ej. Allah har lavet lovene – dem der følger dem bliver succesfulde, mens dem der ikke gør, ikke bliver det. Lige meget hvor meget de beder."

"Men far, det Pakistanske hold trænede hårdt til denne her kamp og hele Pakistan bad for dem – dem der bor i Mekka og Medina bad

også for dem og Allah siger ikke nej til bønner fra de hellige steder – så hvorfor vandt de ikke?" spurgte Omar.

"Måske trænede det Australske hold hårdere og længere til denne her kamp – måske arbejdede de hårdere og bad også. Så succes afhænger altså af en række faktorer – ikke kun ens egne bønner." forklarede Omars far.

"Så hvad er de faktorer – jeg mener hvad er den bedste måde at sørge for at ens bønner bliver hørt?" spurgte Laiba.

"Som jeg forklarede tidligere, hvis man følger naturens lov og arbejder hårdt – og så spørger Allah om hjælp, vil Allah høre ens bønner. Ligesom ved 'Slaget i Badr', som var den første kamp mellem muslimer og 'kuffar' (vantro), muslimer under vejledning af Hazrat Muhammad (FVMH) forberedte sig fyldestgørende til slaget – de trænede hårdt og fulgte Huzoors instruktioner og bad til Allah om at give dem sejren over de vantro, så Allah hørte deres bønner og gav dem sejren."

"Betyder det at selv Allahs profeter havde brug for at bede og arbejde hårdt?".

"Absolut! Alle Allahs profeter blev nødt til at følge Allahs instruktioner og bad ham om at gøre dem succesfulde i deres missioner. Når Allah fortalte Hazrat Nuh (Noa) om floden, bad han til at Allah ville redde ham og hans folk fra floden, så Allah fortalte ham at han ville redde ham og hans folk fra at drukne, hvis han byggede en stor båd (en ark). Hazrat Nuh fulgte instruktionerne og blev reddet fra at drukne. På samme måde, bad Hazrat Musa (Moses) til Allah om at redde hans folk fra Pharaoh Ramses' arrogance. Hazrat Musa, sammen med hans bror Hazrat Harun, gjorde som de blev instruerede i af Allah og Allah gav dem i sidste ende sejren over pharaohen. Så selv profeterne arbejdede hårdt og fulgte Allahs kommandoer og bad, for at opnå sejre."

"Hvis hårdt arbejde er nøglen til succes, hvad er pointen så med at bede? Der er mange folk i verdenen der ikke beder, men stadig er succesfulde." spurgte Hussain.

"Tja, Allah lader ikke nogens hårdt arbejde og slid gå til spilde, selv hvis de ikke er muslimer, men ens bønner samt hårdt arbejde gør at succes bliver garanteret. Faktisk, når muslimer laver Du'a, beder de Allah om at vejlede dem i den rigtige retning og husker at når man beder til Allah, efter at have gjort ens bedste, skuffer Allah ikke. Derfor er det vigtigste at gøre sit bedste. Derudover skal man huske at blive ved med at bede, selvom ens bønner ikke er blevet hørt første gang, fordi hvad vi beder om, måske ikke er godt for os. Efter at have bedt til Allah, bør vi bare acceptere hans vilje og ikke klage omkring det, fordi kun Allah ved hvad der er bedst for os og vi bør stole på ham helt."

"Nu ved jeg hvorfor jeg ikke er den bedste i min klasse." sagde Hussain.

"Fordi du ikke beder?" spurgte Saleh.

"Nej, fordi jeg kun beder og ikke arbejder hårdt." sagde Hussain.

TING ALLAH HAR GJORT FORBUDT

Isha virkede ikke til at være i godt humør, da hun kom hjem fra skole – faktisk var hun så sur, at hun smed sin taske til siden og løb og til hendes værelse, uden at sige hej til sine forældre. Hendes mor spurgte hendes søster, Hijab: "Hvad er der galt med hende? Har i været op og skændes?".

"Nej mor, det er ikke mig men Maria. De skændtes i skole, i dag. Jeg ved ikke hvad de skændtes om, fordi Isha var for sur til at fortælle mig det." sagde Hijab.

"Okay, jeg går op og spørger hende selv".

"Isha skat, rejs dig og fortæl mig hvad der er sket – hvorfor er du så sur?" spurgte Ishas mor.

"Jeg rejser mig ikke! Jeg er sur fordi Maria skubbede mig og forvrængede mit navn, ved at kalde mig Isha Shisha. Jeg inviterer hende ikke til min fødselsdag og taler aldrig med hende igen!".

"Men hvorfor gjorde hun det? Er hun ikke din veninde?" spurgte Ishas mor.

Men før Isha kunne svare, sagde Hijab: "Det var Isha der startede det hele, fordi hun ikke gad at lege med Maria og så skar grimasser i hendes retning."

"Det er fordi jeg allerede legede med Khadija og Arifa – og Maria blev ved med at plage mig om at lege med hende alene. Jeg svarede at hun skulle gå væk og hun blev sur og kaldte mig Isha Shisha. Jeg er altid sød mod hende og laver aldrig sjov med hendes store næse og mørke farve, som de andre piger gør, men hun viste mig ingen taknemmelighed for det."

"Det er ikke godt at gøre grin med folks udseende – eller at forvrænge deres navne. Allah kan ikke lide det." sagde Ishas mor.

"Bliver Allah sur hvis vi forvrænger andre folks navne?" spurgte Hijab.

"Ja, Allah kan ikke lide at folk fornærmer andre og når man forvrænger folks navne, er det ligesom at fornærme dem." forklarede Ishas mor.

"Hvad ellers kan Allah ikke lide at vi gør?" spurgte Hijab.

"Udover navne-kalderi, kan Allah ikke lide at folk kritiserer hinanden for at gøre noget, uden at først have etableret sandheden. Selv hvis nogen har gjort noget forkert, skal man ikke annoncerer det til alle – faktisk skal man prøve at gemme det. Vi bør heller ikke at gøre grin med folks kropsdele eller andre deformiteter. Vi bør heller ikke at overdrive noget nogen har gjort eller mistænke dem om noget dårligt, uden selv at give dem en chance."

Både Isha og Hijab lyttede vakst til deres mor, da det alt sammen var ny info for dem.

"Vi burde tale blidt til folk og ikke øge vores stemme, selv hvis de er forkerte. Hvis vi har en diskussion, bør vi lytte til alle folks synspunkt og prøve at modsvare deres argumenter med logik, i stedet for at tvinge vores værdier frem."

"Hvad hvis nogen gør dig sur?" spurgte Isha.

"Vrede er ens værste fjende, fordi når man er vred, kan man gøre noget man måske fortryder senere hen."

"Så hvordan skal vi håndtere vrede?" spurgte Isha.

"Når man er vred, bør man at berolige sig selv og huske på at Allah ikke kan lide det. At tilgive folk for noget de har gjort forkert, er den bedste måde at håndtere vrede på. Det er svært at gøre, men ikke umuligt. The er hvad Momin gør. Det er ikke hensigtsmæssigt at reagere på ens vrede og straffe en anden for det. Kun Allah kan straffe folk. Vi bør fokuserer på at forbedre vores egen opførsel, i stedet for at samle på andre folks dårlige sider."

"Maria sagde også at hun ville have mit nye ur, som Far købte til mig til min fødselsdag, enten går i stykker eller bliver stjålet – er det ikke en ond til at sige?" spurgte Isha.

"Jo og hun bør ikke ønske det. Det viser at hun er jaloux og det er ikke en god værdi. Hvis nogen har noget godt, bør vi at være glade på deres vegne og ikke ønske at det går i stykker. Vi bør heller ikke tale om folk bag deres ryg, fordi Allah siger at tale bag nogens ryg, svarer til at spise sin døde brors kød. Allah forbyder også at udpege andres fejl eller at være arrogante eller stolte over noget vi har, som andre ikke har."

Nu havde Ishas vrede stilnet hen og hun virkede mere i kontrol.

"I morgen, ville jeg sige undskyld til Maria og spørge hende om at være venner igen." lovede Isha.

"Sådan! Kom så ned og få et glas mælk." sagde Ishas mor.

SAMTALE ETIKETTE

Saad og Samir var meget begejstrede, siden at det var sidste skole dag, før sommerferien og de lavede planer om hvordan de ville bruge ferien.

"Lad os spørge far om han kan tage os med til onkel Zias hus i Madrid" foreslog Saad.

" Madrid? Nej! Det er meget varmt om sommeren i Madrid, jeg spørger far om at tage os med til Stockholm, hjem til onkel Tanvirs hus. Hans hus er i bjergene og der er et vandfald tæt på." sagde Saad.

"Men der er ikke andet at lave end at gå på ture – det kommer til at være så kedeligt!" sagde Saad.

"Nej, det kommer ikke til at blive kedeligt, vi kan tage på picnic, vi kan ride på heste-"

Men før Samir kunne færdiggøre, indskød Saad: "Nej, jeg vil ikke ride på heste. Jeg vil til Madrid, så jeg kan lege med Farhan og Farooq!" råbte Saad.

Deres far hørte de høje lyde og kom ind for at se hvad der skete.

"Rolig drenge! Hvorfor råber i?" spurgte faren.

"Vi laver planer for vores ferie og vi kan ikke blive enige om hvor." sagde Samir.

"Der er ingen grund til at hæve stemmerne – det er dårlige manerer" sagde faren.

"Men vi er ikke i gang med at slås" sagde Samir.

"Selv hvis i ikke er i gang med at slås eller diskuterer, er der visse tale etiketter, som vi skal have i sinde" sagde deres far.

"Virkelig? Hvilke tale etiketter, far?" spurgte Saad.

"For det første bør man ikke hæve sin stemme, mens man taler til andre, da det kan forårsage skænderier".

"Selv hvis man er sur, må man så ikke tale højt?" spurgte Samir.

"Især, når man er sur, da det kan forværre situationen. Det andet at huske på, er at lytte nøje efter hvad den anden person siger og ikke at afbryde den. Man bør også tale logik og ikke for at diskutere. Hvis vi ikke er enige med den anden person, bør vi fortælle det høfligt og fortælle vores egen holdning om emnet, uden at blive oprevet. Det er også ubehøvlet at gøre grin af folk, fordi de har svært ved at tale eller stammer. Vi bør være tålmodige med sådanne folk, der har mangler."

"Min ven Rehan stammer og det ser sjovt ud." sagde Saad.

"Det ser måske sjovt ud for dig, men forestil dig hvordan han har det, når du griner over noget han ikke har nogen kontrol over. Det er ikke sjovt for ham. Vi bør altid prøve at sætte os selv i den anden persons sted og se hvordan de måske har det – så hvis ikke du vil have at folk griner af dig, skal du heller ikke grine af dem."

"Nabil taler forkert dansk og det er morsomt. Vi kan alle lide når han taler dansk – han forstår ikke hvorfor vi smiler" sagde Samir.

"Det er ligeledes dårlige manerer, det er som at gøre grin af hans talemåde."

"Hvad skal vi ellers have i sinde, når vi taler?" spurgte Saad.

"En anden vigtig ting er at være påpasselig med sit ord valg – vi bør ikke bruge ord der kan skade folk og vi bør så sandelig ikke bruge bandeord. En anden ting som folk ikke tænker igennem, er at de spreder rygter uden først at bekræfte sandheden i det. Det er en synd! Vi bør ikke at sprede rygter, om så de er sande. Vi bør tilbageholde os selv fra kætteri, da det er sådan rygter starter. At

overdrive eller underdrive hvad nogen har sagt, er også forkert – vi bør altid fortælle sandheden, uden at farve det med falskhed."

"Vores islam lærer sagde at vi skulle være borgerlige overfor hinanden, når vi taler. Hvad betyder borgerlig?" spurgte Saad.

"At være borgerlig betyder at respektere en anden, i et samfund og at være borgerlig i samtale, betyder at man skal tale med respekt – uden at værre arrogant, så man taler ligeværdigt."

"Vi bør heller ikke tale unødvendigt eller være mistænksomme omkring andres intentioner. Ligeledes, bør vi tale klart og tydeligt, så den anden person ikke har svært med at forstå vores betydning. Hvis man taler åbent og klart, kommer der ingen misforståelser."

"Fulgte vores profet Muhammad (FVMH) alle de her regler om samtale?" spurgte Samir.

"Absolut" Han havde de bedste manérer. Selv i hans tale, fulgte han hvad Allah ønskede at folk skulle gøre, i samtale. Derfor er det vigtigt for at holde alt det i sinde, så Allah kan være tilfredse med os."

"Nu vil jeg prøve at huske alt det her og ikke gøre grin med Nabil længere, når han stammer." lovede Saad.

Og jeg vil ikke narre af Rehans engelsk, lovede Samir.

"I er begge gode drenge og jeg tager jer til Stockholm i sommerferien og Madrid i vinterferien. Er det en aftale?"

"Ja!" udbrød Saad og Samir.

ALLE MUSLIMER ER LIGEVÆRDIGE

"Hvorfor er vi ikke Chaudhry?" spurgte Ayesha, så snart hun kom hjem.

"Hvad så? Hvorfor spørger du om det?" spurgte Ayeshas far.

"Fordi min veninde Faozia er meget stolt over at hun er Chaudhry. Hun siger at Chaudhry er en overlegen klasse – er det rigtigt? Hvorfor er vi ikke Chaudhrys? Kan vi ændre klasse og blive Chaudhry? Hvad er klasser?"

"Rolig! Jeg skal nok forklare det hele." sagde Ayeshas far.

I mellemtiden kom Ayeshas yngre søster Hajra og yngre bror Qasim også ind i rummet.

"En kaste eller klase er et system baseret på social hierarki, hvor folk deler samme værdier, som i Pakistan er der Chaudhry, Malik, Awan, Raja, Qureshi o.l. – Ingen kaste er overlegne eller underlegne til en anden. Alle mennesker er lige og fortjener alle respekt. Allah har sagt det i Qur'an'en, fordi vi alle er efterkommere af Adam. Lige meget hvad vores race eller religion er, er vi alle lige. Ingen person er overlegen eller underlegen, bare fordi de er født i en bestemt familie. Disse kaste hører ikke til i Islam. Hvad der er vigtigt er en persons gerninger, deres 'Taqwa', som er gudfrygtighed."

"Men Faozia sagde at Qur'an'en taler om kaste." sagde Ayesha.

"Ja, Qur'an'en fortæller om opdelinger af folk, i nationer og stammer, men kun så vi kan genkende hinanden. Vores hellige profet (FVMH) sagde også i hans sidste prædiken, at araber ikke er mere værd end ikke-arabere – alle mænd og kvinder er skabt ligeværdige. Han (FVMH) hørte til Quresh stammen, som man anså som en meget indflydelsesrig stamme i Arabien, i de dage. Han arrangerede også et bryllup for en af hans kusiner med Hazrat Zaid, der plejede at være en slave – ved at gøre det, beviste han at alle var lige."

"Hvis alle er lige, hvorfor er folk så delt op i forskellige stammer og nationer?" spurgte Hajra.

"Det er kun for praktiske årsager. Det ville være forvirrende hvis alle var Khan eller Khawaja – man ville ikke kunne genkende hinandens kulturarv, men det betyder ikke at Khan er Khawaja overlegne. Alt det, der betyder noget, er ens gud-frygt. Et eksempel kunne være Sharukh Khan eller Amir Khan, de er meget populære og deres fans elsker og beundrer dem. Dog set i Allahs øjne, ville en person fra hvilken som helst kast, der havde mere gud-frygt, være mere værd."

"Hvad er forskellen på Shia og Sunni? Jeg har set på Facebook at nogle folk skriver at de er Sunni og andre at de er Shia? Er vi Sunni eller Shia?" spurgte Qasim.

"Jeg tror du bruger for meget tid på Facebook Qasim! Denne her division er ikke af Allah – i Islam er der kun én slags muslim, den der frygter Allah og adlyder hans befalinger. Han befaler os at behandle alle folk ligelige og ikke give dem mere vigtighed, fordi de hører til en given stamme. Faktisk har Allah gjort det strengt forbudt. Profeten Muhammad (FVMH) gik endda så langt at sige, at dem der deler os i stammer, ikke er en del af os – ikke muslimer. Derfor bør vi kun at sige at vi er muslimer, ikke om vi er Sunni eller Shia."

"Hvis Faiza blærer sig om at være Chuadhry, vil jeg ikke blive imponeret længere og bare ignorere hende." sagde Ayesha.

"Og hvis nogen spørger mig om jeg er Shia eller Sunni, vil jeg bare svare at jeg er muslim." sagde Qasim.

BEHANDLING AF IKKE-MUSLIMER

Zohaib var meget glad, fordi hans onkel, Tahir, kom hjem til dem fra Norge. Tahir havde bragt en masse chokolade med til Zohaib, der delte med sine venner i skole. Zohaibs venner ville også møde hans onkel Tahir og vide mere om Norge, fordi de ikke havde mødt nogen fra Norge før. De besluttede at de kom forbi en dag efter skole for at møde hans onkel.

"Norge er ikke bare en af verdens smukkeste lande, men også en af de mest blomstrende. Norge er et land af mærkværdige gletschere og kæmpe fjorde. Det har stenede kyst-øer og massere af billedlige træ landsbyer. Man kan tage ud og vandre, cykle, 'rafting', hundeslæder, ski og sne mobiler om vinteren." sagde Tahir i spænding.

"Hvad er Norges befolkningstal og hvor mange muslimer bor det?" spurgte Sikander.

"Den totale population af Norge er på ca. 5,3 millioner og ud af disse, er 1.5 millioner muslimer. Der er ca. 40.000 pakistanere og Islam er den næstmest dyrkede religion. I Norge er hovedstaden Oslo og der er mange smukke moskeer, hvor muslimer kan tage hen og bede, hvornår enden de vil. Der er store menigheder i disse moskeer om fredagen og til Eid og andre vigtige muslimske festivaler. Muslimer er frie til at dyrke Islam. Staten stopper dem ikke i det."

Drengene lyttede nøje efter Tahir.

"Kommer muslimer og ikke-muslimer godt ud af det med hinanden?" spurgte Alim.

"Muslimer og ikke-muslimer bor i harmoni – de behandler hinanden med respekt og tolerance. Hvis det er Eid, siger vores norske venner tillykke til os, på samme måde siger vi god jul til dem, når de fejrer jul. Hvis man er gode venner, sender man også hinanden gaver."

"Hvad siger Islam om forholdet mellem muslimer og ikke-muslimer?"
spurgte Naeem.

"Siden at Islam er en nådes- og retfærdighedsfyldt religion, er det
ikke tilladeligt at behandle ikke-muslimer dårligt. Muslimer bør ikke
foretage aggressioner mod dem, skræmme dem eller terrorisere
dem. Muslimer tror på at det er obligatorisk at opretholde aftaler, om
det er med muslimer eller ikke-muslimer. Hvis en muslim har
accepteret betingelserne for at træde ind i et land (fx. visum), er det
ikke i orden for muslimer at gøre misgerninger i landet."

"Hvad var vores profets opførsel imod ikke-muslimer?" spurgte
Zohaib.

"Vores profet (FVMH) var en meget rar og retfærdig person overfor
ikke-muslimer. Der var engang nogle jødiske mænd der kom for at
besøge ham i Madinah og da det var tid for dem til at bede, tillod
vores profet (FVMH) dem at bede i Masjid-e-Nabvi på jødisk manér.
En dag sad profeten et sted, der passerede en jødisk mands
begravelse. Profeten rejste sig og viste respekt – et eksempel på
hvordan man skal respektere ikke-muslimer. Vores profet plejede
også at besøge ikke-muslimer der var syge."

"Kan muslimer blive venner med ikke-muslimer? Er det tilladt i
Islam?" spurgte Alim.

"Der er to former for ikke-muslimer – den ene er typen der er
modstandere af islam og åbentligt mishandler dem og hader dem –
naturligvis, kan man ikke være venner med dem, det forbyder
Qur'an'en os også. Den anden type er dem der ikke hader muslimer
og behandler dem fair, derfor er det helt acceptabelt at være i gode
forhold med dem. Der er mange muslimer der lever i ikke-muslimske
lande og mange ikke-muslimer der bor i muslimske lande. Det er jo
ikke muligt at leve i fred, hvis ikke man respekterer hinandens
overbevisninger? Som muslim, er det vores religiøse opgave at
bringe ikke-muslimer mod Islam – og den bedste måde at gøre dette

på, er ved at være en god muslim; ved ikke at lyve, ikke at snyde, ikke at stjæle, ikke at sprede aggression og at være ærligt osv."

"Onkel, du sagde at islam tillader religiøs frihed, hvad betyder det?" spurgte Naeem.

"Det betyder at der ikke er nogen tvang i religion, man kan vælge hvilken religion man følger, ingen bør tvinges til noget. Der er ingen straf for dem der ikke følger Islam. Vores profets opgave var at sprede Allahs budskab til de andre og intet mere. Islam forbyder os at ødelægge andre helligsteder som kirker eller synagoger – eller templer. Faktisk, bør man beskytte dem for ødelæggelse. Islam forbyder os at tale dårligt om andre religioner og guder."

"Hvad hvis en ikke-muslim taler skidt om Islam – hvad skal vi så gøre?" spurgte Sikander.

"Qur'an'en siger at hvis der er nogen der gør grin med Islam eller hvis nogen taler imod Islam, er det bedst at forlade sådan et sted og kun komme tilbage, når de er færdig med at tale skidt om Islam."

"Onkel, jeg har hørt at solen aldrig går ned om sommeren i Norge og om vinteren er det mest nat – hvordan håndterer man det?" spurgte Zoahaib.

"Ja, det er meget interessant. En fjerdedel af Norges territorium ligger nord for den arktiske cirkel og på grund af rotationen, er der også lange dage om sommeren og korte dage i vinteren i de andre skandinaviske lande, som Danmark og Sverige. Kap nord plejer at blive regnet som det mest nordlige punkt i Europa og solen går ikke ned mellem 14. maj og 31. juli, derfor er landet kendt som 'midnatssol-landet'. Men lige meget hvor lange eller korte dagene er, fortsætter folk deres dagligdag som sædvanligt. Om sommeren går folk i seng, mens det stadig er lyst udenfor og går i arbejde/skole mens det stadig er mørkt udenfor."

"Lyder mærkeligt, men interessant – jeg vil gerne se det en dag." sagde Sikander.

"Tja, du kan læse hårdt og komme til Norge for en højere uddannelse – på den måde kan du opleve interessante fænomener som midnatssolen og samtidig få en karriere."

"Tak for at fortælle os om hvordan vi skal behandle ikke-muslimer og om Norge. Norge lyder som et interessant sted, jeg håber at jeg besøger det en dag." sagde Zohaib.

HVORFOR KAN VI IKKE SE ALLAH

I en lille by, men et stort hus i Pakistan, boede der en sød lille pige der hed Mashal, som elskede dyr. Hun elskede dyr så meget, at hendes forældre havde lavet en lille zoo i baghaven, hvor de havde små husdyr, som hunde, katte, kaniner osv. – og nogle fugle, som påfugle og papegøjer for hendes underholdning. Mashal plejede at gå hen og se hvordan de havde det som det første, når hun kom hjem fra skole. Hun var især fascineret over hvor smukke farver påfuglen og papegøjen havde. Hun plejede at lege med hendes dyr i flere timer. Inde i huset, var der også et lille akvarie, med mærkværdig farvede små fisk.

En dag spurgte Mashal hendes mor, hvem der havde skabt så smukke væsener.

"Ligesom at Allah har skabt os, har han også skabt alle andre væsener – ikke bare væsener, men alt i denne jord og derudover, som solen, stjernerne, bjergene og havene. Hele universet." forklarede Mashals mor.

"Hvis Allah skabte alting, hvem skabte så Allah?" spurgte Mashal.

"Tja, jeg stillede det samme spørgsmål, dengang jeg var på din alder. Det er svært at forklare, siden du måske er for ung til at forstå konceptet, men jeg vil prøve at forklare det så godt som muligt."

"Så du var også nysgerrig omkring det, da du var yngre?" spurgte Mashal.

"Allah har på et eller andet tidspunkt i deres liv tænkt på det – det er naturligt for én at være nysgerrig, omkring oprindelsen af alting vi ser og de ting vi ikke ser. Allah er en eksistens som vi ikke kan se, men mærke hans tilstedeværelse i alt vi ser. Han er ikke som os eller noget andet, siden at det er ham der skabt alting. Han er skaberen af universet og derfor unik. Han er til stede i alt og alting. Vi genkender Allah i naturens tegns, der peger mod deres skaber og menneske instinkter accepterer eksistensen af en skaber, gennem alle disse tegn."

"Hvis Allah er til stede overalt, hvorfor kan vi så ikke se ham? Er det fordi han er meget højt op i himlen?" spurgte Mashal.

"Nej, det er ikke som at han sidder et sted oppe i skyerne, men som jeg sagde før er han til stede i alt. Bare fordi vi ikke kan se ham, betyder det ikke at han ikke findes. Hans eksistens kan blive mærket, men ikke ses. For eksempel kan man ikke se luft, men vi ved det findes, siden at vi kan mærke det. Vi kan ikke se varme eller kulde, men vi kan føle dem. Der er magnet bølger, som vi ikke kan se, men ved at de er der. Vi kan mærke smerte, men ikke se det – og bare fordi vi ikke kan se smerte, betyder det ikke at det ikke findes. En ting behøves ikke at have en fysisk form, for at kunne findes. Allah har ikke en fysisk form, men han eksisterer og det ved vi, fordi vi kan mærke hans eksistens i alt han har skabt. Alt i dette univers, peger mod en skaber og skaberen er Allah."

"Jeg forstå ikke hvordan man kan vide at han eksisterer gennem hans skabelser?" spurgte Mashal.

"Tja, I det her univers er der træer, bjerge, have, solen, månen, stjerner, dyr, mennesker osv. – Hvordan kom alle disse ting til? Hvem skabte dem alle? Kom de til af sig selv? Nej, det er ikke muligt. Alting er blevet skabt af nogen eller en kraft – og den person/kraft er Allah. Hvis vi observerer diverse tegn i naturen, som menneske fødsel, jordens rotation, stjernerne, skyerne, regnen, nat og dag, forskellige typer frugt og blomster, store dyr som hvaler og mikroskopiske organismer, som vi ikke kan se. De peger alle mod eksistensen af en skaber, en som Allah. Ingenting og ingen andre end Allah har styrken til at skabe hvad som helst. En skal bare kigge hen mod hvordan mennesker bliver skabt fra enkelte celler, til at blive levende, åndende, tænkende personer, der ikke er opmærksomme på hvordan deres kropslige funktioner finder sted, selv mens de sover. Hvordan den menneskelige hjerne bearbejder informationer og opbevarer dem, er fantastisk, så fantastisk at der må have været en

skaber bag. Universet er så stort, at vi ikke engang kan forestille os det, men alt bevæger sig i et mønster eller retning. Nat og dag, sæsoner kommer og går. Tror du at der ingen der styrer det? Vi kan ikke styre de her ting eller for den sags skyld ændre dem – Det er hvad Hazrat Ibrahim (Abraham) prøvede at forklare kongen der hævdede at han var gud."

"Virkelig? Hvem var Hazrat Ibrahim og hvem var kongen der hævdede at være gud?" spurgte Mashal interesseret.

"Hazrat Ibrahim var en af Allahs profeter, lang tid før Hazrat Musa (Moses). Han boede i hvad der nu er Irak. Havde to sønner, der også var profeter – Hazrat Ismail og Hazrat Ishaq. Hans barnebarn Hazrat Yaqoob var også en profet. Kabaen i Mekka, var bygget af Hazrat Ibrahim. I hans tid, plejede folk at tilbede solen, månen og stjernerne. Han prøvede at forklare dem, at ting uden nogen som helst vilje ikke kunne være gud, men folk var ikke overbeviste. En dag tog han hen til templet og smadrede alle stenidoler, undtagen den største. Da kong Namrud (Nimrod) og hans folk fandt ud af det, spurgte de Hazrat Ibrahim om det var ham der havde gjort det. Han bad dem om at spørge deres største gud, om hvem der havde gjort det. De svarede at et sten idol ikke kunne tale. Hazrat Ibrahim havde bevist sin pointe, for hvad var meningen med at tilbede statuer der hverken kan tale eller gå.

Da Namrud havde hørt det, beordrede han Hazrat Ibrahim til at blive brændt i live, men i Allahs nåde blev Hazrat Ibrahim reddet."

"Det er meget interessant. Tak for at give mig så brugbar information. Du har besvaret mange af mine spørgsmål, om Allahs eksistens. Jeg vil tro på at selvom vi ikke kan se Allah, at han eksisterer."

HVAD SIGER QUR'AN'EN OM ALLAH

Mashal og hendes fætter og kusine Abdullah og Aira, var lige kommet hjem efter at have brugt en lykkelig dag ved Rawal søen, med deres forældre. De var en smule trætte, efter at have padlet i en båd i næsten to timer og nu ville de bare gerne sidde og snakke. Mashal fortalte Abdullah og Aira om diskussionen hun havde med sin mor om Allah. Både Abdullah og Aira var interesseret i at vide mere, siden de begge var fascineret ved tanken om at kunne føle Allahs tilstedeværelse, selvom han ikke kunne blive set. De havde ikke tænkt på det på den måde før. Lige da, kom Mashals mor ind og Abdullah bad hende om at fortælle mere om Allah.

"Hvad siger Qur'an'en om at tro på gud?" spurgte Abdullah.

"Det første vi skal vide er at det korrekte term for gud er Allah, fordi det også er det personlige navn af den sande gud. Intet og ingen andre kan blive kaldt Allah. Termet har ingen flertal, intet køn. Det viser det unikke når det sammenlignes med ordet gud, som kan blive sagt i flertal som guder eller i feminin form, gudinde.

Qur'an'en beder os om at tro på én gud, Allah. At tro på en gud, betyder at vi tro på at han er det eneste overlegne væsen og har skabt alt og alle. Han er unik, uendelig og evig, der er ingen som ham, han har altid været og vil altid være. Selv når alt andet dør eller slutter. Den hellige Qur'an fortæller også om Allahs eksistens – faktisk er Qur'an'en bevis på at Allah eksisterer. Faktisk, er Qur'an'en vores forbindelse til Allah. Qur'an'en fortæller os hvordan vi skal tro på Allah og hvordan vi opgiver os selv til hans vilje og befalinger."

"Hvad betyder Allahs vilje og hvis alt sker i Allahs vilje, hvad er pointen så med at gøre noget overhovedet?" spurgte Mashal.

"Det er et godt spørgsmål og det kan blive besvaret i tre stadier. Det første stadie var når Allah skabte universet og på det stadie skabte han det som han ville have – Han skabte solen, månen, stjernerne, jorden og lignende. Det andet stadie var da han skabte universets love. Alt i dette univers fungerer i forhold til naturens love og ingen kan ændre dem. For eksempel, at ild er varmt og vand er vådt og ingen kan ændre disse egenskaber ved dem. Så kom tredje stadie, hvor han skabte mennesket og gav dem regler. Den eneste forskel mellem naturens love og menneskets love, er at naturen ikke har nogen vilje i sig selv, men mennesket har en fri vilje. Mennesker kan vælge at være gode eller dårlige og kan kun være ansvarlige og stå til regnskab for deres egne gerninger. For eksempel, hvis ikke du går i skole eller læser og dumper dine eksamener, kan du ikke bebrejde Allah for det og sige at det er hans vilje at du ikke bestod. Denne regel gælder også for vores eget liv."

"Hvis vi er blevet givet en fri vilje, hvordan kan vi så gavne fra at tro på en gud i vores praktiske liv?" spurgte Aira.

"At tro på gud betyder ikke kun at acceptere hans eksistens, men indebærer også at vi i vores daglige liv kan spørge ham om hjælp og når man virkelig tror på at Allah kan hjælpe, har man ikke behov for andres hjælp. Det redder en fra at blive korrupt og uærlig og for at tilfredsstille andre. Det gør os gud-afhængige og Allah siger at hvem enden stoler på ham, ikke vil blive skuffet."

"Hvis Allah ved alting, betyder det så at han har øjne og øre han ser og lytter med hele tiden?" spurgte Abdullah.

"Når vi siger at Allah ser og hører alting, betyder det ikke at han ser med øjne og ører, men at han ved alt hvad der foregår. Han er ikke et væsen som os."

"Har gud kun et navn, som er Allah?" spurgte Mashal.

"Allah har beskrevet sig selv i Qur'an'en med flere navne. Alle hans navne, repræsenterer hans egenskaber, for eksempel er en af hans navne 'Ar Rahman', der betyder den nådige. Så er der 'Al Ghaffar', der betyder den tilgivende, 'Al Khaliq', der betyde skaberen, 'Al

Khabeer' der betyder den alvidende. Der er 99 navne til Allah og hver af disse smukke navne repræsenterer en af hans færdigheder. Muslimer tror på at læse disse navne, som er Allahs egenskaber, styrker deres bånd til ham."

"Hvad ved vi om menneskets love?" spurgte Abdullah.

"Alle menneskets love er blevet givet i Qur'an'en og vores profet Muhammad (FVMH), praktiserede disse love til dagligt. Vi bør derfor følge lovene, så Allah er tilfredse med os."

HVEM ER EN MOMIN?

"Hvor er bedstefar?" spurgte Shumail, så snart han kom hjem fra skole.

"Han sover nok i sit værelse – hvorfor vil du se ham?" spurgte Shumails mor.

"Det er mellem bedstefar og mig." svarede Shumail og skyndte sig mod bedstefars værelse.

Yawar og Anusha var nysgerrige om hvad Shumail ville med bedstefar, så de fulgte ham med ind til bedstefars rum.

"Assalumalaikum bedstefar."

"Hvad bringer jer til mit rum i dag?" spurgte bedstefar overrasket.

"Faktisk, ville jeg gerne have noget information fra dig – der er en essaykonkurrence på min skole og jeg deltager i den. Jeg vil gerne have dig til at hjælpe mig med at forstå emnet, så jeg kan skrive et godt essay." forklarede Shumail.

"Hvad er emnet til essayet?" spurgte bedstefar.

"Emnet er 'en Momins liv' – kan du forklare mig hvad en Momin er og hvilket slags liv han lever?" spurgte Shumail.

"Okay, hvorfor ikke. Momin er et arabisk ord der betyder troende. Det betyder en person der hengiver sig selv fuldkomment til Allahs vilje og har troen etableret i hjertet, altså en dedikeret muslim.

"Men du fortalte os at en muslim er en troende og han også hengiver sig selv til Allahs vilje – så hvad er forskellen mellem en muslim og Momin?" spurgte Yawar.

"Det er et godt spørgsmål. Forskellen mellem en muslim og en Momin er mængden af tro. De accepterer begge islam som religion, de tror begge på engle og dommedag og de tror begge på ritualer i islam, men en Momin er en der har opnået et højere tros niveau (iman). Han er en sand troende, han har forstået den rigtige besked i Islam og putter sin tillid fuldkomment til Allah, uden nogle forbehold (tawakkul)."

"Så det betyder at når man accepterer islam at man bliver muslim og når man lever sit liv som islam lærer os, bliver man til en Momin?" spurgte Anusha.

"Præcis. Alle Momin er muslimer, men ikke alle muslimer er Momin."

"Hvilke egenskaber har en Momin?" spurgte Shumail.

"En Momin er en troende der forbliver urystet, i modstridende situationer, fordi han tror på at det er en test fra Allah og at han skal forblive urokkelig. Han klager ikke over noget, faktisk viser han taknemmelighed overfor Allah, selv når han er i hårde perioder. Han er tålmodig, han er ærværdig og gud-frygtende, han roser Allah og mest af alt tror han på det usynlige, Allah og vender sig kun mod Allah i hans nød."

"Gør Momin nogensinde noget dårligt eller ondt?" spurgte Yawar.

"Tja, Momin er også mennesker, så de kan også begå fejl, men så snart de opdager at de har misfornøjet Allah, angrer de og beder om tilgivelse, fordi de ikke er arrogante og ved at de kan synde."

"Var vores profet Muhammad (FVMH) også en Momin?" spurgte Anusha.

"Han var det bedste eksempel på en Momin, fordi han gjorde alt hvad Allah bad om. Han løj aldrig, snød aldrig, skadede aldrig nogen, han var altid tålmodig og høflig overfor folk. Han bad regelmæssigt og gav velgørenhed og spredte islams budskaber frygtløst, til trods for faren han var i. Det er essensen af en sand troende, at være urokkelig i modstand, på grund af din komplette og uafrystelige tro til Allah."

"Betyder det at alle andre profeter også var Momin?" spurgte Yawar.

"Absolut!"

"Kan normale folk som os, også blive Momin?" spurgte Shumail.

"Der er ingen tvivl om at blive en Momin er svært, men ikke umuligt. Vi kan i det mindste prøve at være som Momin og spørge Allah om hjælp på vejen – på den måde, kan vi blive bedre muslimer, selv hvis vi ikke bliver Momin."

"Jeg vil gerne være en Momin." sagde Yawar.

Bedstefar grinte og sagde: "Til det, bliver du nødt til at ville det samme for andre, som du ville for dig selv – ikke ligesom den anden dag, hvor du beholdt alt det gode slik for dig selv og ikke gav noget til Anusha og Shumail."

"Virkelig?" spurgte Yawar overrasket.

"Virkelig! Vores profet sagde at du ikke kan blive en Momin før at du behandler andre som du selv vil behandles. Han sagde også at en Momin ikke siger ting der kan skade andre."

Yawar så flov ud, men lovede at han ville prøve at blive en momin og ikke drille Shumail og Anuhsa og give dem det samme slik, han ville have for sig selv.

EKSEMPLARISK PERSONLIGHED

Ibrahim var meget stolt og overrasket over at han havde vundet sin første skole tale-konkurrence. Han ville dele nyhederne med sin familie og specielt sin bedstefar, der havde hjulpet ham i at skrive talen.

"Bedstefar, jeg vandt førstepladsen i konkurrencen!" udbrød Ibrahim.

"Det er fantastisk. Jeg bad hele dagen for dig."

"Dine bønner og din hjælp i at skrive talen, hjalp mig til at vinde konkurrencen. Tak! Det var en hård konkurrence og til at starte med var jeg også nervøs, men mens jeg begyndte at tale, blev hele hallen stille og da jeg var færdig, begyndte de at klappe. Da hoved gæsten gav mig prisen, sagde han at jeg havde talt godt om en Momins liv og at jeg også skulle prøve at inkorporere en Momins egenskaber i min personlighed – hvis jeg gør det, sagde han at jeg kunne blive en rollemodel for andre." sagde Ibrahim.

"Det er et meget godt råd."

"Hvad er en rollemodel og hvilke egenskaber har sådan en?" spurgte Ibrahim

"En rollemodel er en som har en beundringsværdig karakteristik, har gode manérer og høje moraler. Han er en som sætter eksemplet for ekseptionel opførsel, som andre kan følge."

"Er der folk I verdenen, der kan være rollemodeller for os?" spurgte Ibrahim.

"Ja, der er mange, men den bedste og største rolle model vi skal se til, er profeten Muhammad (FVMH). Qur'an'en sagde at han var det ultimative eksempel på en perfekt personlighed."

"Wow! Can you tell me about our Prophet's character and what his companions thought of him?"

"Wow! Kan du fortælle mig om vores profets karakteristik og hvad hans følgesvende syntes om ham?"

"Selvfølgelig. Vores profet (FVMH) var indbegrebet af gode manérer. Han opførte sig altid godt overfor børn – han nødt deres selskab og legede med dem, for at gøre dem glade. Han havde en sans for humor, den var ikke vulgær og gjorde aldrig grin med nogen. Han elskede fred og ønskede at folk skulle leve i harmoni og afregne deres forskelligheder uden vold. Han plejede at sige hej til folk ved 'Salaam/Assalaamu Alaikum' først. Han havde en meget rar personlighed og smilte altid til folk og talte blidt til dem. Han var meget generøs og satte altid andre før sig selv. Han var meget opmærksom på kvinders rettigheder og befalede altid sine følgere at behandle dem med lighed og respekt. Han var meget hensynsfuld overfor forældreløse. Han var ikke kun hensynsfuld overfor mennesker, men også for dyr og fortalte folk at de skulle behandle dem ordentligt, siden de også var Allahs skabninger. Han var en ydmyg, generøs og uselvisk man."

"Hvordan så han ud?"

"Tja, hans højde var medium – hverken høj eller lav. Hans hud var hverken mørk eller lys, men hans ansigt lyste op. Hans hår var hverken langt eller kort, hverken lige eller krøllet. Hans øjne var sorte og han havde lange øjenbryn. Han havde en stærk krop, der hverken var muskuløs eller tynd. Han var smuk og udstrålede styrke og selvtillid. Folk var chokeret over hans personlighed."

"Så hvis jeg vil være en rollemodel for andre, hvilke egenskaber bør jeg have?" spurgte Ibrahim.

"Som jeg forklarede, den perfekte personlighed er, af profeten Muhammad (MFVH), så du bør efterligne ham. Med andre ord bør du være ærlig, ydmyg, adlydende, hårdtarbejdende, punktlig, effektiv, høflig og blid mod enhver. Du bør ikke snyde eller være doven. Du bør ikke være jaloux eller misundelig. Du bør ikke være argumenterende. Du bør ikke at gøre grin med andre eller at regne

dig selv for vigtigere end andre, især nu hvor du har vundet førstepræmien i konkurrencen." smilede Ibrahims bedstefar.

"Men bedstefar, det virker så svært at gøre – næsten umuligt!"

"Nej, det er det ikke! Det virker måske sådan. Du kan langsomt opgive dine dårlige vaner og samtidig begynde på at arbejde på dine gode kvaliteter. Hvis man har besluttet at blive en bedre person, hjælper Allah en på vej. Det tager måske lang tid – måske ens hele liv, men hvis du er opmærksom på at forbedre dig selv, vil forbedring komme. Sådan kan du blive en eksemplarisk person, som folk vil beundre og respektere."

"Jeg vil prøve at være en god person, som andre kan stole på og beundre. Jeg vil prøve at være ligesom vores profet Muhammad (FVMH) og give respekt til andre, så jeg kan få respekt tilbage." lovede Ibrahim.

"Du er en god dreng, Ibrahim og jeg stoler på dig. Jeg ved du kan være en rollemodel for andre, hvis ikke du opgiver at blive en god mand."

Lige da, kom Ibrahims mor og far ind i rummet og overraskede ham, med hans yndlings chokoladekage, for at fejre hans succes.

OM FORFATTEREN

Arif Mahmud Kisana er en Stockholm baseret fuldtids medicinsk forsker og en deltids journalist. Han har boet i Sverige siden 1995. Han skriver artikler og blogger i diverse nyheds aviser og journaler. Emnerne rækker sig fra islamisk historie til sociale forandringer, fra videnskab til Iqbals filosofi.

Arif Kisana har også aktivt repræsenteret det pakistanske og kashmiriske samfund i Skandinavien, i de sidste to årtier og er et medlem af Foreign Press Association, Sverige. Han er også grundlæggeren af Stockholm Study Center siden 2007, der mødes hver måned og diskuterer sociale problemer, i koranens lys og profetens fortællinger.

Medicinsk forskning er hans profession, at skrive om sociale problemer er hans hobby – og at studere Iqbals filosofi er hans passion.

Hans samling af artikler og klummer Afkaar-e-Taaza er allerede blevet udgivet. En Samling af Rare Historier for Børn er hans anden udgivelse. Han planlægger også at udgive En Samling af Rare Historier for Børn 2, snart. Han arbejder også på Iqbal og Dag Hammarskjold (Et sammenlignings studie), Sada-e-Hurriyet (Kashmir og Kasmir Movement), The Land of the Midnight Sun (Sverige og Nordeuropa) og Awaz-e-Arif (en samling af essays).

www.ingramcontent.com/pod-product-compliance
Lightning Source LLC
LaVergne TN
LVHW041753190726
843493LV00008B/2598